폰카 에세이

폰카 에세이

유인숙 수필집

계간문예

| 발간사 |

삶의 족적

　사람은 누구나 태어나서 자란 족적足跡을 남기려고 하는 것이 삶의 보람으로 생각하게 되는 것 같습니다. 나도 자랑할 것은 없으면서도 꾸역꾸역 자료를 찾아서 사진과 글로 책을 세 권째 엮어봅니다.

　어릴 때 초등학교 시절의 기록물, 객지 생활, 결혼 추억물, 이사 다닌 추억, 지금도 가족끼리 이야기하는 영리한 미인견인 '병애' 이야기도 더하고 부모님 생각, 가족의 흔적도 호주 버난의 막내아들집에 방문했던 사진, 손자 손녀 그리고 외손자 자랑도 엮었습니다.

　그중 으뜸인 추억은 합천 고향집 부모님 생각에 옛 사진 등등. 젊음을 불태우며 잠깐이나마 심훈의 '상록수 정신'을 이어받아 설립한 고향 초계 유하리 "원화복지학원". 학원에서 함께 고생한 故 김병혁 선생, 또 마산 김일남 선생의 도움은 잊을 수 없는 내 삶의 귀한 추억입니다. 경대慶大 ROCT와의 교량 역할로 수고하신 故 김순근 선생도….

특히 나의 후임 원장님 故 윤인기 선생님이 정식 인가까지 받아 다년간(5회 졸업생 배출) 후배 양성에 고생하신 공로를 잊지 않겠습니다. 또한 저는 여든 넘긴 인생에서 사랑하는 제자들이 있다는 것이 무엇보다도 커다란 보람입니다.

존경하는 국가의 커다란 지도자 박정희 대통령의 선견지명도 빠뜨릴 수 없습니다. 약간의 선정적인 사진도 이해하시기 바랍니다. 대한민국의 소멸로 치닫는 저출산 문제, 또 세계적인 여성미 사진도….

제2의 고향이 된 경기도 광주의 풍광을 모두 기록할 수는 없지만 대표적인 몇 점을 실어봅니다.

이번 출판물은 평생 동고동락同苦同樂해 온 집사람 '신해영 여사'와 공동으로 남기고 싶습니다.

2024년 가을
범준 **유인술**

| 축사 |

《폰카 에세이》 발간을 축하하며

우병택 (시인·문학평론가)

한 사람이 평생 한 권의 저서를 출판한다는 것이 얼마나 어려운 일인지 누구보다 잘 압니다.

그런데도 망구望九를 넘기시고 낸 책이 세 권째라니 감동할 수밖에요. 자전적인 수필집 《들쥐 강 건너다》 이후 채 몇 년도 되지 않아서 호주 버난에 사는 막내아들 집에 3개월간 지내고 오셔서 '잘 다녀오셨구나' 했습니다. 그런데 그 경험하고 느낀 바를 사진을 찍고 시를 써 모아 둔 것으로 책을 엮으셨으니 그 책이 바로 《여행은 교육이다》입니다.

그리고 지금 《폰카 에세이》를 출간하시니 축하 또 놀랐습니다. 《폰카 에세이》에는 자그마치 사진과 엮어진 글이 150여 편이나 실린 대작입니다. '폰카'라는 단어는 범준 선생님이 직접 만드신 겁니다. 물론 '디카시'가 요즘의 대세

입니다만 《폰카 에세이》는 '디카시' 개념과는 확연히 다르다는 것을 밝힙니다.
　바라옵건대 백수白壽를 넘기시어 상수上壽까지 쭉 이어질 범준님의 저서를 기대해 보겠습니다.

　늘 건강하시고
　건필하시길 기도하겠습니다.

2024년 10월에
산이리 산자락에서

결혼 52주년에,
　　여보, 사랑하오!

여보,
서울특별시 평창동 판자촌에서
중매로 만난 지가 52년 전이오.
첫눈에 좋은 인상에 창경원에서 교제 시작하며
결혼하자고 행복하게 해준다고 큰소리쳤었지

고개고개 굽이굽이 아슬아슬하게 폭풍우도
뒤안길 되돌아볼 때 어려운 고개마다
당신의 예리한 판단력으로 오늘이 있기까지

곱고 예쁜 뒷모습도 균형은 깨어지고
머리는 염색으로 허리도 구부정해지고

세월은 빨리도 흘러가서 이제 내 나이 이제
여든두 살이요. 그 곱던 당신이 일흔일곱
살이라니!

3남 1녀 미인 며느리(임욱빈) 광주 교육청 근무 중이고 손주 손녀
외손자도 우리 집 자택도 안경원 개업도 어느새 38주년이오.

당신의 신앙심도 **존중**하오
전부를 자랑으로 사랑해요
참아온 세월 고마워요
나, 진심으로 당신만을 사랑하오.

2024년 5월 13일

당신의 영원한 남편 유인술

■ **차례**

발간사 범준 유인술 _ 04
축 사 우병택 시인 _ 06

결혼 52주년에, 여보, 사랑하오! _ 08
금강산에 오르다 _ 19
어머니의 흐뭇한 표정 _ 20
6살 손녀의 가족 그림 _ 21
자랑스러운 조상의 역사 _ 23
내 손자 지태 만세! _ 24
《들쥐 강 건너다》 출판 기념회 _ 25
꽃보다 귀하고 아름다운 손녀! _ 26
내 생애 최고인, 사랑하는 제자들아! _ 27
장학금 수여식 _ 28
우병택 교수 _ 29
그리운, 나의 어머니 _ 30
그리운 나의 아버지 _ 32
가수 마리아 _ 34
넝마주이 _ 35
꿀꿀 돼지 _ 36
감사기도 _ 37

중국 장백산 _ 39
말 한마디로 천 냥 빚도 갚는다 _ 40
휴대폰 _ 42
엄마 마음은 어떨까 _ 43
남한강 일몰 전 석조 _ 45
70년 전 철모에 담긴 상흔 _ 46
곡선에 곡선을 _ 47
화장실 _ 48
장미 한 송이 _ 49
황포돛대 _ 51
메뚜기 _ 52
너희는 고종사촌 간이란다 _ 53
사이판 샛섬 _ 54
억새와 여심女心 _ 55
태양 무지개의 상서로운 기운! _ 57
태극기 집회 _ 58
일본에서 나를 낳다 _ 59
유년의 추억 _ 61
막내 형진이 졸업식 _ 62
만리장성 관광 _ 64
호주 버난의 석조夕照 _ 65

생명 수여자랑— 설계자께 감사! _ 66
범준의 팔순 잔치 _ 67
진돗개 병애 _ 68
현재 우리 집 텃밭의 풍성한 잔디밭 _ 69
하이와 지태 _ 70
순수한 사랑의 정情 _ 71
눈물 _ 72
구름과 하늘 _ 73
잘 정리된 이웃집 잔디 _ 75
매일신문에 실리다 _ 77
생명력 _ 78
야간 중학 시절 _ 79
초등학교 졸업사진 _ 80
형은이와 형진이 _ 81
원화복지학원 _ 82
여행은 교육이다 _ 83
왜가리 _ 85
왜, 통일해야 하나? _ 86
광주의 보물 _ 88
남종의 명소 _ 89
사랑하는 평생의 반려자 _ 90
손자 지태 _ 91

2024년 봄철, 경안천의 봄 _ 92
두루미의 춤 _ 93
하이 물놀이 _ 94
하이 성우 지태 _ 95
고마운 우체국 _ 96
통시 발전의 총아 비데(Bidet) _ 97
시드니 Bunnan 오페라 하우스 정경 _ 99
민족의 영웅! 박정희 대통령 _ 100
양평 한옥 스테이 _ 101
담소원의 한 때 _ 102
초근목피草根木皮 _ 104
민들레 홀씨 되어 _ 106
해변에서 생긴 일 _ 107
미래를 꿰뚫어 본 민족의 지도자 _ 108
굶주림 자초하는 북한 주민 _ 109
철들고 깨달다 끝나는 인생 _ 110
14,500원의 기적 _ 111
고생苦生 _ 112
만삭의 모심母心 _ 113
백신 주사의 겉과 속 _ 114
말言語의 중요성 _ 115
최고 피서 방법 _ 116

황혼黃昏에 _ 117
셋방살이 _ 118
사랑이란 _ 119
구 이태리 안경원(현 류옵티컬) _ 120
들쥐 _ 121
버릴 줄 알아야 한다 _ 122
모나리자의 미소 _ 123
팬데믹(Pandemic)과 마스크 _ 124
절세의 미녀 양귀비 _ 125
그림 전시회 _ 126
춘분을 지난 첫 만월 _ 127
짚푸니 _ 128
필리핀 팔라완 섬 _ 129
화학공장 위장 _ 130
미스트롯 진眞 양지은 _ 131
손자 유준, 유휘 _ 132
청명한 날씨 _ 133
석양 _ 134
시월의 에버랜드 _ 135
진주珍珠 _ 136
청춘 _ 137
입口 _ 138

액세서리 _ 139
신혼 생활 _ 140
중국 상해 풍경 _ 141
아버지 형님 흔적 _ 142
지월리에서 살던 집 _ 143
지옥 온천 _ 144
일본 벳푸 온천의 비취색 _ 145
난생 처음인 마이 카 _ 146
두 번째 자동차 스포티지 _ 147
뉴 비틀 노랑 _ 148
PONY 첫 생산 _ 149
모자母子의 사랑 표현 _ 150
모교 방문 _ 151
유인술의 시선 _ 152
내 고향 합천 초계 병배리 _ 153
전국 각지 버스 대절 _ 154
화담숲 뒷동네 시어골 화연당和然堂 _ 155
미인의 조건 _ 156
모델 대회 _ 157
파리 장애인 올림픽 _ 158
이런 여유 _ 159
해변 수상별장 _ 160

서핑 보드 _ 161
파장波長 테스트 _ 162
황금을 좋아하다 _ 163
캡슐 _ 164
찢어진 화분 _ 165
우등상장 _ 166
통신부 _ 167
노년의 사랑 _ 168
하모니카 집 _ 169
움막집 _ 170
기차는 달리고 싶다 _ 171
단두대 _ 172
맑은 물 _ 173
멋진 국가 대표 선수 _ 174
검정 고무신 _ 175
얼음과자 _ 176
북한의 교통수단 _ 177
북한 실정 _ 178
민족의 등불 _ 179

폰카 에세이

금강산에 오르다

북한 땅을 밟아본다는 기대감에 잠을 설치며 기다렸다.
드디어 그날이 와서 건너기 전에 교육시간 비디오 촬영금지 대소변을 산山에서 보면 벌금 등과 김일성 기념 글씨 새겨 놓은 돌에도 손가락으로 가르키지 말 것까지.

온정각에서 식사, 금강산 호텔 비빔밥으로 식사. 일품이었음. 내가 실수하다. 산속에서 급한 김에 작은 일 보다가 발각됐음. '동무 몰랐어요.' 벌금만 내고…. 마무리 잘 됨. 밤에는 가만히 호텔 경비원, 북한 군인과 대화도 했다.

1997년 남북이
화해 분위기일 때라 가능했던 일

어머니의 흐뭇한 표정

표정 해설은 생략,
숙제로 남겨두고.

우리 집에서 일 마치고
건강을 위해 잠깐 해 본다고
모자母子가 서로 외제 차 타고
음식 배달업 했단다

사정 잘 아는
고객이 보고 웃었다고!

차남 (형민) 현재 안경원 근무 중

6살 손녀의 가족 그림

우리말을 영어로 번역하다.
얼마나 대견한지!
할아버지 할머니 하이랑 지태
아빠 엄마도 6명 모두를
가족의 꿈이 무지개처럼
피어나라고 그리다
사랑의 마크 러브 마크도

천재 손녀를 자랑하다

문양군 류희림 묘역

文陽君 柳希霖 墓域 | 서울특별시 유형문화재 제79호

Tombs of Ryu Hui-rim's Family

文阳君柳希霖墓区 | 文陽君リュ・ヒリム(柳希霖)墓域

조선 전기 문신인 류희림 묘역은 묘지 제도에 가부장적 질서가 확립되기 이전에 조성되어 뒤쪽에는 문양군 류희림과 부인 밀양 박씨의 합장묘가 있고, 아래쪽에는 그의 아버지인 분천군 류복룡과 부인 평강 채씨의 쌍분묘가 있다.

류희림은 명종 16년(1561)에 문과에 합격하였고 사헌부 집의, 좌승지, 예조참판 등을 두루 거쳤다. 성균관 재학 시절에는 동료들과 함께 실곡 이이 정책의 시무를 요청하는 상소를 올리기도 했다. 1601년에 죽은 뒤 임진왜란 당시 선조를 모셔간 공을 인정받아 1604년에 호성공신 3등 문양군에 봉해졌다. 묘 봉분에는 호석*을 설치하였고, 묘표*, 비석*, 혼유석*, 상석*, 향로석*, 망주석*, 문인석* 한 쌍이 있다.

류복룡은 영월 현령을 지냈는데, 아들 류희림의 신분이 높아져서 이조참판 분원군에 봉안됐다. 그의 묘에는 묘표, 혼유석, 상석, 향로석, 망주석, 문인석 한 쌍, 신도비*가 있다. 오금공원에 유일하게 세워진 류복룡 신도비는 선조 12년(1579)에 세웠다. 류희림의 부탁을 받은 이산해가 비문을 짓고 썼는데, 전액*에는 '신도비'로 되어 있으나, 본문의 첫 구절에는 '묘명(墓銘)'으로 달리 적은 점이 눈에 띈다.

* 호 석: 무덤의 외부를 보호하려고 둘레 만든 시설물
* 묘 표: 죽은 사람의 이름, 행적 등을 새겨 무덤 앞에 세우는 표석
* 비 석: 비신(碑身)을 세우려고 홈을 판 자리
* 혼유석: 제사를 지낼 때 묻힌 이의 영혼이 나와서 앉는 자리
* 상 석: 봉분 앞에 놓는 커다란 돌상
* 향로석: 향로와 향합을 올려놓는 돌
* 망주석: 무덤 앞의 양쪽에 세우는 한 쌍의 돌기둥
* 문인석: 문관 형상으로 만들어진 돌
* 신도비: 죽은 이의 행적을 기록하여 묘 앞에 세운 비석
* 전액(篆額): 전자체로 쓴 비석이나 현판의 글씨

Seoul Tangible Cultural Heritage No. 79

These are the tombs of the family of Ryu Hui-rim (1520-1601), a civil official of the early Joseon period. Ryu Hui-rim and his wife Lady Bak are interred together in the tomb mound at the back, whilst his father Ryu Bok-ryong and mother Lady Chae are interred in the twin tomb mounds at the front.

Ryu Hui-rim passed the state examination in 1561 and served various official posts. During the Japanese invasions of 1592-1598, he escorted King Seonjo (r. 1567-1608) to refuge and was posthumously bestowed the title of meritorious subject in 1604.

His father, Ryu Bok-ryong, was a local government official. He was posthumously promoted to minister of personnel after Hui-rim obtained prestigious social status as a high-ranking official.

Next to the tomb of Ryu Bok-ryong is a stele erected in 1579 recording his life and achievements. The epitaph was composed and calligraphed by Yi San-hae (1539-1609), a civil official and renowned writer.

首尔特别市物质文化遗产第79号

朝鲜前期文臣柳希霖(1520-1601)及其家族之墓。后面的封坟是柳希霖及其夫人朴氏的合葬墓，前面的两座封坟是柳希霖之父柳伏龙与夫人蔡氏的双坟墓。

柳希霖于1561年科举及第，历任多个官职。因壬辰倭乱爆发时随从宣祖有功，去世后的1604年被记录为功臣。

柳伏龙本是地方官吏，因其子柳希霖升任高官而被追封为史曹参判。

柳伏龙墓旁立有纪念其平生与成就的神道碑。碑文由文臣兼作家李山海(1539-1609)所作，碑石刻立于1579年。

ソウル特別市有形文化財第79号

朝鮮前期の文官、リュ・ヒリム(柳希霖、1520-1601)とその家族の墓である。後ろの墳丘はリュ・ヒリム(柳希霖)と妻のパク(朴)氏の合葬墓であり、前方の二つの墳丘はリュ・ヒリム(柳希霖)の父、リュ・ボクリョン(柳伏龍)と母のチェ(蔡)氏の双墳墓である。

リュ・ヒリム(柳希霖)は1561年に科挙に及第し、多くの官職を歴任した。文禄・慶長の役が起こったときにソンジョ(宣祖)に付き従った功労が認められ、死亡した後の1604年、功臣として記録された。

リュ・ボクリョン(柳伏龍)は地方の役人であったが、息子のリュ・ヒリム(柳希霖)が高官となって身分が高くなったので、吏曹参判を追贈された。

リュ・ボクリョン(柳伏龍)の墓の隣には、彼の生涯と業績を称える神道碑が建っている。碑文は文官であり文章家として名を馳せたイ・サネ(李山海、1539-1609)によるもので、碑は1579年に建てられた。

자랑스러운 조상의 역사

선조先祖에 대한 존경심尊敬心!

내게는 14대조 할아버지시며
문양군文陽君 류희림柳希霖 1561년 명종 16년 문과 합격!
예조참판 임진왜란 호성공신 3등

서울특별시 송파동 시립공원 관리
문중 관리 유승휴 선생 (계남 1회)

(묘비 4개 국어 번역됨)

손자 지태

내 손자 지태 만세!

물놀이 너무 좋다고 만세!
옷 입고 그대로 물속으로
순간 포착이 명물 만들다

천진암 펜션에서
일박 2일 피서 중에 한 컷!

광주시 영은 미술관에서

《들쥐 강 건너다》 출판 기념회

우병택 교수 주선으로 코로나19 창궐할 때
틈타서 거리 제안 두고 소박하게

《계간문예》 발행인 정종명 회장님의 축사에
차윤옥 편집 주간님의 사회로 진행됐다

초대 가수 금채안의 열창에 지인, 문인 다수 축하에 대성황을
이루었지

하이 지태 한국방문 환영식(꽃다발 선물)

꽃보다 귀하고 아름다운 손녀!

꽃보다 귀하고 아름다운 손녀 손자가
열 시간 넘게 비행기 타고 지구
반대편에서 날아왔네!
반가운 마음을 꽃다발로 환영!

보고 싶고, 꼭 안아 보고 싶고
뽀뽀도, 영리한 눈치 10단
동영상으로는 보지만
입체 생동감은 다르지요.
건강하게 무럭무럭 자라서
요번 한국 여행 좋은 추억으로 남아 주길 바라네.

내 생애에 최고로 사랑하는 제자들

내 생애 최고인, 사랑하는 제자들아!
《들쥐 강 건너다》 수필집에 수록됨

《들쥐 강 건너다》 수필집에
"원화복지학원" 편에 실린
함께 고생하고 울고 웃었던
사랑하는 제자들 모습!

반세기 동안 서로가 소식도
모르고 살다가 책 출판을 계기로
연락되었건만,
코로나19 괴질로 만날 수가 없었지
괴질 소동 풀리자 곧바로 만났었네

과분하게 감사패 황금열쇠도
준비해줬으니 감격일세

* 2021년 11월 13~14일 합천호 관광농원에서

장학금 수여식

낮에 다니는 학생이 부럽다.

성적이 좋아도 어려운 학생들에게
미흡하나마 도움이 됐으면 하고
시작한 '범준 유인술장학회'이다.

큰 돈은 없지만, 내 용돈 절약해서
고등학교 3곳 중학교 1곳
해마다 전해 주는 행사로 시행 중이다.

제1회 이천 이현고교생 3명
제2회 광주고, 제3 광주제일고,
제4회 광주중학교

(사진 촬영: 민경식 기술사)

우병택 교수(시인, 문학 평론가)

우병택 교수

하나를 잃고 만萬 가지를 얻은 귀한 분이요, 나를 문학에 눈뜨게 한 분이요, 여러 조직에 다리를 놓아준 분이요, 덕분에 많은 사람을 알게 됐어요, 지금도 진행 중이지요.

우 교수님은 크고 작은 단체나 조직에서 빠지면 안 되는 귀한 존재요, 리드 맨, 분위기 맨이요, 힘 나게 격려도 잘하지요.

우 교수님의 희생적 인간성은 후대가 받아도 꼭 받을 복福이요, 앞으로도 계속 가르쳐 주시면 열심히 배울게요.
전국에 퍼진 제자들이 존경하는 인물이시니 고마워요, 정말 고마워요!

그리운, 나의 어머니

어머님 전상서

귀하고 귀한 모습, 부자집 귀티 얼굴, 갸름하신 얼굴에 인자한 이미지, 쌍소리 한 번 하지 않으시고 '인술아', 타이르시던 정다운 그 음성!

어려운 시집살이 눈물로 감추시던 그 모습. 쌍둥이 형님 임신하고 빙판길 사구(옹기 물그릇) 머리에 이고 황강물 길러오다 미끄러져서 큰 누님을 그만 잃으시고

일본 가서 나 임신하고 하숙 친 역사 고국 찾아 대전으로 합천 쌍책으로…. 솔 통에서 개간하고 움막집 짓고 5남매 살리려고 애밀죽 갱죽에 굶기지 않으려고 살아 나온 고난의 역사! 서러움에 보란 듯이 살아야 한다고 하신 말씀 새겨듣고 지금도 열심히 살고 있습니다.

어머님은 정3품 학자의 귀한 딸로 태어나셨다고 하셨지요. 속 깊은 마음 따라갈 자 있을까? 하늘 땅이 놀랄 일이 있어도 혼자 속(마음) 썩이며 표정 하나 안 변하시는 모습에 감명받았었지요.

어머님 고생에 보답으로 사랑한다고 애틋한 포옹 한 번 못해 드린 죄罪 모든 죄, 용서해 주십시오.

불효자 **인술** 올림

배경: 우리 집 과수원의 배나무 꽃

그리운 나의 아버지

30대에 현해탄 건너 도일渡日하셔서 목도(어깨)일 어머님은 하숙 쳐서 모은 돈. 그 많은 돈을 대전大田으로 와서 우리 돈으로 환전하는데 너무 억울한 차액이라 거절하다가 끝내 한 푼도 사용해 보지 못했지요.

합천 초계 신촌리 80번지 밤나무 산 3정보(약 9,000평) 사서

(2,000평 개간) 아름드리 밤나무 손수 손으로 캐어 내어 고구마 밭으로 과수원으로 배 복숭아 조성하셨지요.

논은 여덟 마지기 무릉 저수지용으로 쓰지 못하는 땅을 형님과 두 분이 작답(논으로 변경)해서 경작, 손으로 괭이로 삽으로 노력하신 사연 다 압니다.

흉년에는 가족 살린다고 나랑 여동생(복남) 남동생(인길) 초계에서 마산까지 어머님 형님 데리고 걸어서 강행군하시고 그 형님 손수 집도 짓고 베틀, 물래, 모두 손수 만드신 기술 기막혔지요.

하늘도 무심하시지, 형님은 6·25 전선에서 돌아가시니 얼마나 애통하셨을까요?

아버지는 한학으로 소학, 대학, 사서오경도 출중하시니 한학 실력은 면내面內에서도 알아주셨으니 이 아들은 아버님께 비하면 고생이라고 할 수도 없지요.

저세상 가신 지 가마득한데, 아버님께 지금도 드리는 말씀, 그렇게도 좋이히시던 막걸리 제대로 대접 못한 이 불효한 자식 너무나 애통합니다.

가수 마리아

마리아는 미국 태생으로 독학으로 한국어 공부하고
한국 온 지 2년 된 연세대 어학당 학생.

트로트 가사와 한국어 실력에 감탄
한국인보다 더 정확한 발음에
가사 음색 감정 감성이 역사 공부를 얼마나 다양하게 했기에

마리아의 노래 속에 내 인생
내 감정도 녹아 있는 듯하네
노래를 넘어 세계적 예술로 승화되길
마리아 노래를 들으면 왜
눈물이 나며 고생하고 서러움 받으며 살다가
돌아가신 어머님 아버지 생각이 날까요?

MBN 현역 가왕전 보며

넝마주이

6 · 25 사변 후
1950-60년대에
많이 보았던 풍경이지

골목마다 쓰레기 뒤지며
고물 찾아 긴 집게로
뒤로 던지던 모습이랴

나는 무서워 피해가기도 했지
지금 생각하면
재활용의 역군들이었다

지금은 볼 수 없는 그 모습도
그리워지네

꿀꿀 돼지

글쎄,
내 얼굴 보고 예쁘다고 칭찬하는 인간이 없어요
주는 밥도 주인님, 종님이 먹고 남은
꾸중 물에 상한 음식도 가리지 않아요

엄매, 멍멍이, 꼬꼬댁도 자유롭게 다니는데
공부 못해도 멍청하면 내 이름 쓰면서
살만 쪄도 나 같이 처먹는다고 지청구지

잘되라고 제사상에는 꼭 내 머리 올려놓으면서
나는 수컷이 그리워 발정할 때만 이웃집으로
외부 세상 구경시키네
그래 놓고 나는 단명으로
6개월정도 지나면 도살장으로 끌려가지

생을 마감하고 모두를 다 주고 가지
아, 내 삶의 종말이 참 고단하네

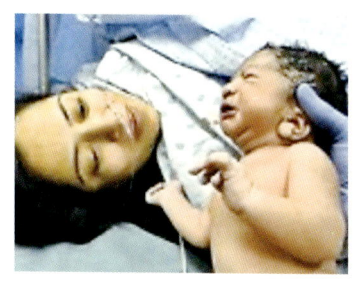

감사기도

창조주께 감사할 일이 한두 개가 아니다.
오늘도 공짜로 햇빛을 보며 앞뒤 전신 일광욕한다.
몇 분도 마시지 않으면
죽을 수 있는 공기를 얼마나
많이 마실 수 있었나
만물을 구경하며 즐길 수 있는 신체의 구조물
나를 중심으로 쾌감도 식감도

주심에 감사에 감사를 드리고, 또 드리련다.

중국 장백산

연변 관광 마치고 백두산으로
택시 대절 구경하려고
등반 중간에 들린 백화마을
초가집 굴뚝이 통나무로
TV 안테나 대나무 끝에
옛 전형적인 한국 시골 풍경보다
천지연은 1m 넘는 눈으로 실패
장백 폭포에서 끝내다
가족용 온천 객실이 특이했다.

*1993년 4월
중국 비자 어려움 시대 송세군 씨 가족 초청으로
상해 북경 만리장성 심양
개원 청도 조선 동포에 감사
우한성 사장과 무사히 귀국

**중국 연변 도문에서 강 건너 북한 남영시

말 한마디로 천 냥 빚도 갚는다

장님 노인과 길 가던 여인

문장 하나의 변경으로 지나가는 사람의 마음을 움직였으니
처음 문장
"나는 장님입니다. 도와주세요"
를 한 여인의 도움으로 팻말에 변경한 문장이다.
"아름다운 날입니다. 그걸 볼 수 없네요"

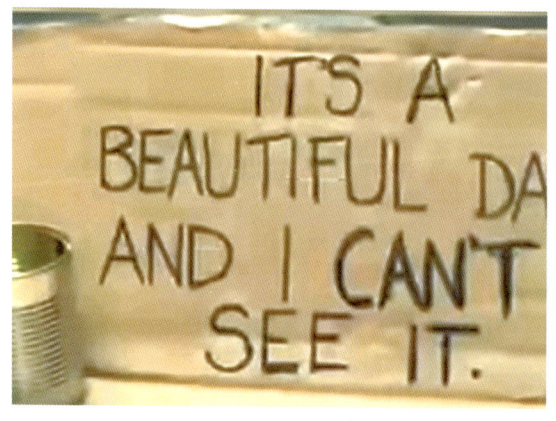

종이상자의 포장지 팻말에 쓴 글은 비슷했지만,
마음 울리는 느낌은 달랐다.
우리도 비슷한 말이지만 기왕이면 예쁘게
말 한마디 전달이 천 냥일세.

휴대폰

무궁무진 창고에서 꺼내 쓰고 보고 또
보고 글 쓰고 사진 찍고 가족 친구 소식도
정과 사랑의 전달도

사람을 구해 주는 구세주
불 물 지진에서도

그래서 버스에서도
지하철에서도
손에 손에 휴대폰이

혼자 웃고 좋아하는
사람 보고 실성한 사람으로 오해도

휴대폰 만능 시대네

체널A TV에서

엄마 마음은 어떨까

굶는 것을 보면서도
줄 것이 없는 심정

누구를 원망하랴
그러면서 어버이 수령
하느님보다 더 높이
칭송하라니

남한강 일몰 전 석조

하루 33도 뜨거운 태양
서산 넘기 전에 강물 위에
도장을 붉게 찍고 가네

여주(경기)
세종대왕 능 신륵사
고적 유산물도 도자기의 고장

맛집도 연촌 숯불구이 통 닭살
양념구이 순살 닭구이
매콤 라면도

워트파크 어드벤쳐도
에버랜드 못잖아요
아기들도 좋아서 편안한
품 안에서 이틀을 쉬다

                        2024년 8월 13일
                        썬벨리 Hotel 에서

전쟁의 상흔

70년 전 철모에 담긴 상흔

6·25 지난 세월 70년이 지나고 보니 위와 같이 쇠 철모는 모습
을 잃고 잡풀의 보호막 집으로 남아있네. 할 말을 잊고….
누구의 귀한 자식을 보호해 주었을까.
고마웠다는 인사도 못 받고 외로이 남모르는 풀숲에서
숲에 꽃 몇 송이는 아는 척
예쁨을 뽐내고 한껏 위로해 주고 있네.
어딘가 달려 가 보고 싶네.

곡선에 곡선을

인체는
예술적 곡선의 미美이지
각신 곳이 한 곳도 없네

스페인 유명 건축가
가우디의 모든 건축 설계는
곡선으로 이루어졌다니
심지어 성당 건축도
주택 공원 조형물에서도
곡선의 미美가 빠진 곳이 없네

화장실

시대에 따라 나에게 새 옷 입히네.
너무 화려하게도 누가 더 예쁜지
지들끼리 경영 대회도 하고

얼마 전에는 아프리카 깜둥이도 급하게 달려와서
싸고 털고 씻고
나갈 때는 한 여자도 한 남자도
받아줘서 고맙다고 인사하는 인간은
수백 수천 중에 한 女男도 없으니
나, 원 차암!

장미 한 송이

우리 집
이층 구석에 있는
큰 화분의 장미꽃 한 송이

겨우내 물도 주지 않고 해서
말라 죽었나 했는데
한 가지가 푸르게 살아서
예쁜 꽃 한 송이를 선물하네
꽃이 얼마나 주인님을 욕했을까?
물도 한번 안 주고 무관심하더니
꽃을 보고 예쁘다고 좋아하시니….

이층 베란다에서

여주 썸벨리 호텔에서

황포돛대

남한강 황포돛대

신륵사를 뒤로 하고
유유히 흐르는 뱃길
물살 가르고

강변은 온통 검푸른 자연
목적지 어딘지
한없이 흘러가네

우리 인생길도 저와 같겠지

메뚜기

강아지풀 줄기에 목을 꿰어 줄줄이
소주 빈병에도 합동 감옥살이도
고담백 섭취 위해 불 땐 가마솥에 넣으면
살아 가려고 튀던 모습
무거운 솥 뚜껑으로 몰살시킨 마음 아파했었지
빨갛게 익으면 날개 떼어내고 양념해서 바삭 바삭 소리내며
맛나게 먹었던 그 시절 그립기만 하네

우리 집 3층에서

너희는 고종사촌 간이란다

손녀 하이와
외손자 서우,
사촌 간의 처음 만남인데
서로 좀 어색한 표정이네

처음이라 그렇겠지
두고두고 의義 좋게 지내길

가족 단위의 여행 중에

사이판 샛섬

새들의 쉼터 새 똥 모아 모아서
화장품 만든다는 말도 있고
유명명소 누구나 들릴 정도다

여인은 뚱뚱해야 미인이고
미일美日 2차대전 유적지가 널렸고
자살 절벽에
일본 패전의 흔적도 보이네

가평 용오름 마을 황토 민박에서

억새와 여심女心

가을의 증명 억새 풀
이렇게 용기 있는 사내처럼
마음껏 활기차게 날개를 펴네

가을 마중 찾아간 곳 가평
능이버섯과 오골계 백숙 일미요
민박촌에서 숙박도
친절해서 감동하네

태양무지개 …?
경남합천 철쭉 황매산에서 ~ (윤석열 대통령 취임식날 촬영)

태양 무지개의 상서로운 기운!

지상에 비 온 날 뜬 무지개
달 주위 무지개 같은 모양은 본 기억이 있다

태양 무지개는 무엇보다 귀하지 않나
철쭉꽃 유명한 합천 황매산에
윤 대통령 취임 날 산 위에 떴다네

태양 무지개가 떴다고 사진을
친구가 보내왔다. 부디 길조吉兆이길

이 나라에 국운이 도래하기를 비는 마음에서
남북이 통일되는 날이
죽기 전에 보여지길 바라는 마음 간절하네

광화문 세종대왕 동상 앞에서

태극기 집회

박근혜 대통령 탄핵 무효!
목이 터지도록 외쳐봐도 메아리뿐
결과는 탄핵! 가슴 메었다.

칼자루는 이미 저쪽에서
법도 헌법도 무가치하니
좌빨! 촛불집회에 굴종 되어
눈보라 맞으며 행진했다

가족사진

일본에서 나를 낳다

아버님은 2차대전 후 일본의
재건 막노동에, 농촌에서도 노동.
어머님은 나를 임신하시고
한국인을 위한 하숙을
얼마나 혼자서 고생하셨을까.
일본 나고야 생활
안고 있는 아이가 필자임.

합천군 초계면 신촌리 산 80번지

유년의 추억

최고最古의 추억

움막집 초가집 스레트 지붕에 돌 흙으로
담 집 두께 50cm, 사랑채도 마구간 축사도
통시(화장실) 마구간 뒤편에 휴지 없이
짚으로 대체 사용했지.
마당은 비탈져서 빗물이 저절로 흘러 내려가고
작은 옆방이 우리 신혼 방이었지
마루에 우리 어머님 인구 사촌 형님이 마루에서
담소하고

이 집에서 초등학교 6년 살고 열여섯 살에
부산으로 나갔지. 할머님도 모시고 여덟 식구가
오순도순 살았었네
형님이 손수 목수 일도 하고 아버지와 두 분만의
힘으로 지금은 소유주가 태양광으로 변했네

막내 형진이 졸업식

호주,
멜브론 공대 졸업식에 참석차
생에 처음 호주로 갔다.
주임 교수가 우리 가족을 보고 지나가면서
"아들이 성실하고 열심히 공부하였다."
라고 칭찬하는 말씀에 호주에 온
커다란 보람을 느꼈다.

아들이 12사도使徒 바위 등 관광을
안내해 주는 보람에
모래썰매 타기 등 명소를
즐기고 떠나오는데
서로가 보이지 않는 눈물을
깊게 흘리고 귀국길에 올랐지

집사람 하는 말
"꿩 멀어진 매처럼 혼자 두고 오는 것이
마음이 마음이 아니네"라고 울먹였지
나도 그 말에 가슴이 아팠지

졸업식에 참석하고
오면서 이런저런 여러 가지
생각에 빠졌다.

사진에 필자와 우 사장도 흐리게 보이네

만리장성 관광

미스 유 남매가 안내했다.
입장표 보이니
외국인은 가격이 다르다고 웃돈을
요구하니 어쩌겠나.
웅장하고 장엄한 규모에
어떻게 만 리를 생생히 보았다.
인간 힘으로 커다란 희생이 보였다.

2023년 3월에 방문하다

호주 버난의 석조夕照

청정의 나라 호주의 석양!

깨끗한 풍광,
한 점의 흠도
수채화 물감을
풀어놓은 듯하다

 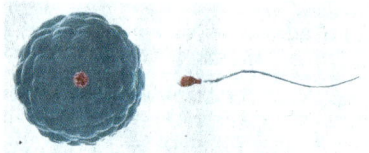

생명 수여자랑— 설계자께 감사!

정자의 원천이 없었다면
난자를 만나 합성할 수가 있을까
콩나물이 달리기에서
골인하는 승자만 성생 된다니,

생명의 탄생이 바늘 끝보다도 더 날카롭네
자라서 생명체로 형성 발전하는 과정이 신묘막측
어른으로 자라 결혼까지 하네

생명 수여자랑
설계자께 감사!

범준의 팔순 잔치

소인 팔순 축하해주신 분들!

김영환, 우병택 교수, 이종영 작가,
김경자 의성 고모, 김종웅 시인,
고옥 시인님 모두 고마웠습니다.
아, 어찌 잊으랴!
무갑리 카페를 통째로 빌려서
이종영 작가의 멋진 색소폰 연주로
흥을 돋우기도 했으니.

      이제는 자취를 감춘 무갑리 일루다 카페에서

진돗개 병애

족보로는 할버지가 전국 투견상 수상했고
강아지 때 기상 기백이 대단했다.
사람에 비교하면 최고 미인상이다.

아들 딸 새끼 생산 어미보다는
사람 옷치장 보고 신분 파악하니,
지나가는 쥐, 나는 참새까지도 분별해 내니
우리 집 특수 경호원이었다.

7살쯤 도난당했다.
아마도 개장사의 소행인 듯하다.
수십 년이 지나도 가족끼리 모이면
병애 이야기로 기억, 추억이
새록새록 나의 최애 애완견이다.

지월리 시골 동네

현재 우리 집 텃밭의 풍성한 잔디밭

약 40년 된 단독 주택 3층
나는 3층 옥탑방에 불편 없이
벽에는 자작한 그림과 자작 詩 한 수
광주로 이사와 안경원 한 계기가
생활의 터전 발전한 뿌리가
죽고 나면 2층 사는 딸한테 증여하기로
손바닥만 한 잔디밭도
담장 벽에 그림 시詩가 있는 집도
우리 동네에서 우리 집뿐.

하이와 지태

이 세상에서 제일 귀한 존재 귀한 보배 귀한 선물
무엇으로도 살 수 없는 할머니는 사진 비디오를
보고 또 보고 혼자서 또 함께 웃기도 하고
할아버지도 하이의 사랑의 눈빛에 반하고 지태의
웃는 인상에 또 반하고 늙은 우리 삶의 낙樂이로구나

성인이 될 때까지 무탈하게 건강하게 무럭무럭
잘 자라만 다오
미녀 미남을 탄생시킨 하이 아빠 하이 엄마(Lily)에게도
감사와 영원한 영광이 있기를 신神에게 기도하며

2024년 1월 10일
한국에서 할아버지가 보냄

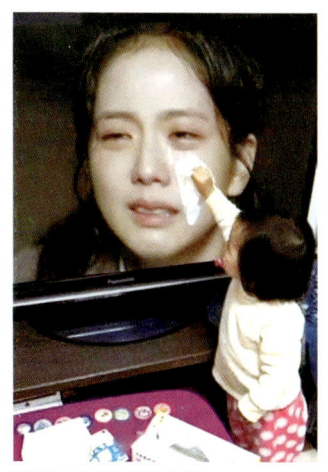

지인이 보내온 카톡에서

순수한 사랑의 정情

시켜서도 아니고
스스로 마음이 아파서
눈물 닦아 주는 예쁜 손

인간사 모두가 이런 동심童心
보았으면 얼마나
그 삶이 아름다울까

눈물

슬픔의 최고 표현
기쁨의 최고 표현
신神이 준 최고의 선물

서독 광부 간호사
애국의 눈물
밖으로 우는 눈물
속으로 우는 눈물

사별의 눈물
이별의 눈물
만남의 눈물

칭찬의 눈물
격분 폭행의 눈물
감정 북받침의 눈물
사랑해서 보고픈 눈물

이 중에서 사랑의
눈물이 최고

호주 버난에서

구름과 하늘

맑은 공기
푸른 하늘
흰 구름
아무리 보아도 실정 없는
산인지 싶기도 한
큰 언덕이 멀리 보이네

하이네 이웃집 초대로 식사도

잘 정리된 이웃집 잔디

잔디 정원을 잘 관리해서
어느 곳 작은 주택에도 잔디 정원은
필수적으로 조성
나도 한국에 와서 텃밭에
잔디를 가꾸기 시작했다

천 평 정도의 잔디밭이다
맨발로 산책해도 푹신푹신하다
얼마 전 수억에 매도 소식이 들렸다.

1986년 겨울 대구역 앞에서

매일신문에 실리다

"책과 교실敎室을 다오"
기자가 찾아 온 것이 아니라
내가 매일신문사를 찾아가서
편집국장에게 사정을 호소하여

도울 방법은 기사화해서
독지가를 만날 수
있는 방법뿐이라고 했다
그 결과로 경북대 ROTC와
자매결연하여 큰 도움을 받을 수 있었다.

시드니 기찻길에서

생명력

기차를 타고 가면서
카 터치! 하다

흙, 물이 없는
악조건에서
붉은 벽돌의 틈새만 있으면
뿌리를 내리고 생명을 살리는
고귀함을 배우네.

마산 중앙중학교 시절

야간 중학 시절

교복에 모자 뺏지 명찰도
친구는 주간 마산공고
나도 역시 공고이지만 야간

이한구 친구는 서울대 진학
성대 주임교수 경희 석좌교수
나는 험한 사회생활로 진로

계남초등학교 5회 졸업생(단기 4289년 3월 15일)

초등학교 졸업사진

교장 이만대 선생님
6년 담임이신 김형기 선생님
미진학자未進學者로 분리된 서러움에
지금 생각해도 가슴이 아리다.
동기동창 중 지금은 고인故人이 되어
추모시追慕詩를 써야 하는 슬픔이
초등학교 친구들과 많은 추억이 떠오른다.

엄마가 카메라 셔터를 누르다

형은이와 형진이

이렇게 귀엽던 오누이가
이제는
시집가고 장가들어 아기 낳고
그 모습은 찾아볼 수가 없네

질투 없이 싸우지도 않고
동생은 공부 잘해 유학도 가고
누나는 착하고 예뻐서 인기 짱이고

원화복지학원

학생모집 광고

"배우며 일하자"
"일하며 배우자"
故 김병혁 선생의 헌신적 동참에 약 80여 명 학생 모집 했지만 교실은 초계면 유하리 동사무소 교실 마련 차 대구 부산까지 갔지만 연필 행상의 수입은 아주 미미했고 면 주민 검정 비누 방문 판매도…
유진호 면장 객지 모교 선후배 방문 도움으로 블록 집 짓기 시작

　　　　　작가 심훈의 소설 〈상록수〉에 나온 브나로드 정신으로!

오페라 하우스 호주 생각에

여행은 교육이다

호주편 2편은
크루즈 준비하는 중이다
버난의 역사 스콘의 이야기도
지태 손자 탄생 기록 역사도

오래오래 보관해 두면서
자라서 추억의 교과서가 되기를 바란다.

편집 발간 참 잘했다는 생각일세

광주 경안천에서

왜가리

너는 왜 혼자냐, 누구를 기다리느냐
헌 신짝도 짝이 있는데
얼마나 기다리고 있었느냐
포기 말고 그날이 올 때까지
우연과 시기는 언젠가 있으니 기다리거라

신神은 공평해요
모두에게 기회를 준다니
그 기회를 잡는 자에게 복이 있나니
수컷 왜가리가 언젠가 살포시 옆에 올 때까지
잘 먹고 건강하게 살거라

우리는 그 모습을 볼 때까지
지켜 보고 있을 거야

아자, 아자, 힘내라!

너무 긴 세월 동안 맺힌 한민족의 恨!

왜, 통일해야 하나?

1950년 6월 25일 일요일 새벽, 총성이 우레처럼
지천을 울리고 아기들은 놀라기만 했던 그 날!

태평로 서울역 한강에도 붉은 피가 바닥에 물에
이유를 알 수 없는 시민들은 우선 살아야 하기에
단봇짐 싸서 아기 서둘러 업고 손에 손 꼭 잡고
남으로 남쪽으로 기약도 없이 걷고 걸었지

눈치 채고 라디오 듣고, 학도병도 북으로 북으로
'괴뢰를 잡아 없애야 한다!'

소련군 북한군 나중엔 중공군까지 공세 합세
한국군, UN 연합국 16개국이 응원 참전!
결말 없는 전쟁으로 지금도 휴전선으로 대치중이니

70년 넘게 북한 백성들 불쌍해 밥도 옷도 거지꼴
그래도 김일성 어버이 수령 찾으니
하루가 급하게 통일해서
북한 우리 형제자매 입에 쌀밥 들어가는 모습을
너무나 보고 싶구나

중대동 물빛공원 산책하며 한 컷

광주의 보물

경기 광주 중대동 물빛공원!
2024년 6월 9일의 정경
석양에 투영된 푸른 산,
멋스러운 오작교,

우리 부부는 맑은 공기
맑은 물빛에 취하고 오다.

남종의 명소

상류의
팔당댐의 건설로 수몰되고 높은 지대라
보이는 곳

수자원공사 사무실이 이제
옛 호텔은 카페로 변신하고
댐은 파도 없는 잔잔한 호수와 같다.

마음의 안정을 찾아 휴식하는
서울 근교의 명소이다.

건너 양수리가 보이네
양수리는 드라이브 코스
연인 부부들도 서울에서 오고

경안습지 공원에서 집사람 어울림

사랑하는 평생의 반려자

광주의 유일한 습지 생태공원!
팔당 댐과 연결된 수만 평의
넓은 시민의 휴식 공간!
연꽃 연못 수려한 자태가 장관이다

내가 사는 고장의 멋진 모습이다

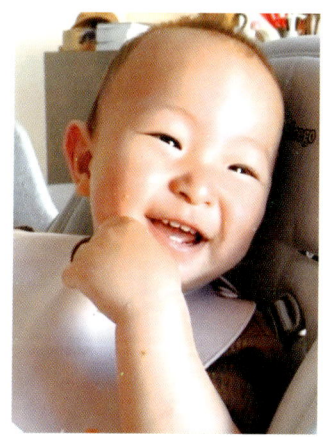

태어난 지 1년

손자 지태

전신난만하세 무슨 생각히느?

해맑은 웃음 속에
미래 지향적인 눈동자에
해맑은 지혜가 보이누나

경안천 야생 오리 가족

2024년 봄철, 경안천의 봄

어미 찾아 새끼들이 졸졸졸졸
맑은 물에 피라미 찾아
가족애가 못난 인간보다 더 빛나네

광주 경안천에서

두루미의 춤

날개를 활짝 펴고
이제 막
비상飛上할 준비가 끝났다.

짝이 없어
암수 구별이 안 된다.
한 쌍이 노는 모습이었으면
더 보기 좋았을 걸

천진암 팬션에서

하이 물놀이

더울 때
아이라면 물놀이가
에어컨보다 자연물이 최고인 거라

귀엽고 예쁜 폼
마음껏 자랑하누나

2024 년 한국방문 때 할아버지 승용차 앞에서

하이 성우 지태

고종사촌 간 상면에
최고 즐거운 폼!

외손자 연기 일품일세
지태 예쁜 폼
 연기 스스로 잘하네

옛날이나 지금이나 고마운 우체국일세

고마운 우체국

지구 반대편에도 며칠 내로 받아 볼 수 있도록
배달되는 우편물. 직접 배송하려면 수백만 원 가치

국내에도 수십 곳에 우송했는데 등기로
10만 원 조금 넘게 들고

폰으로 배달 과정 완료됨 소식까지도
너무나 고마운 우체국일세

어릴 때 시골에서도 산골 외딴집까지
그때 엄마는 고맙다고
집배원에게 삶은 고구마에 찬물 한 사발 드리면
오히려 고맙다고 했었지

통시 발전의 총아 비데(Bidet)

옛적에 볏짚으로 해결했었지
어릴 적 책이나 비료 포대로
더 고급스러운 건 신문지를
가위로 오려서 밑을 닦기도….

새천년에 경천동지할 시대가 와서
세척 후, 말려 주고
찬물 더운물 선택도 자유로 하고

문명과 문화를 몰랐던 세대는
고마움도 잊고서
자기네가 잘났다고
상하 윤리도 도덕도
모두가 땅속에 묻고

개똥보다 못한 자존심으로 산다네

시드니 Bunnan 오페라 하우스 정경

끝없는 광활한 평원, 평야로 끝없이 이어져
소고기만 먹고 사는지
목장이 이렇게나 넓구나. 논밭은 안 보이고
경주용 말 목장도 한없이 넓구나

청명한 검푸른 하늘에 붉게 불타는 석양 조명
비 오면 무지개가 눈앞에 펼쳐져서 장관이네

밤에는 쏟아질 듯이 무수한 별꽃도, 은하수도…

물은 대용량 물탱크에 저장해서 쓰고
전기는 태양광으로. 미등도 ….
밤에는 캥거루가 마당까지 내려오고

대형마트가 작은 마을에도 영업 중이고
자동차는 한 집에 두 대 이상이요
케르 밴도 집집마다 한 대씩이니
이것이 파라다이스 아닌가!

2023년 2월 12일

호주 버난에서

각하 '임자' 막걸리로 하면 됩니다. 자, 잘해 봅시다!

민족의 영웅! 박정희 대통령

새마을운동. 우리도 한번 잘살아 보세! 한국적 민주주의,
부정부패 일소하고 깡패 소탕 작전
민족사의 대변혁을 이루다.
그 당시엔 이해 못하고 싫어했던 나 자신을 후회한다.

세계 경제 10대 강국이요. 총알 하나 못 만든 나라가
K2 전차, K9자주포, 신궁-2 미사일, 함대 미사일,
지대공 미사일, 핵무기 탑재도 가능하다.
한국 무기 수입하겠다고 선진국도 줄 서 있다니

박 대통령은 100년을 내다 본 선각자요 선지자이며
오늘날 한국의 모든 산업, 4차산업의 기반을 마련한
위대함. K문화 수출, K팝의 총아 BTS.
K푸드, K뷰티, 원전 팀코리아, 한글까지 수출하는 나라

양평 한옥 스테이

양쪽은 청춘남녀가 쌍쌍이고, 우리도 저들 같은 때가 있었지.
이젠 황혼에선 그림의 환상일 뿐이네

A형 방갈로에서 마주앉아, 즐거운 모습 보고 보기 좋아요 축하해요 '수원 서울에서 왔다'라고

전통 기와 황토 벽돌에 원목으로 건축. 5성급 호텔급
세심한 필수품에 아기자기한 소품, 책자 비치까지
초저녁에는 서쪽 산마루에는 반달이, 밤중 하늘에는 별빛 은하수도 금싸라기를 펼쳐놓은 듯하네

잣나무 숲속 맨발 산책길에서는 피톤치드도 공짜로
마음껏 마시네, 방갈로 벽난로 앞에서 양갈비&안심살 바비큐
맛은 일품인 맛집!

언젠가는 가족 모두 모시고 또 와야지 … !!!

2023년 10월 23일.
호주에서 온 손녀 손자와 함께

2022년 10월 초순에 가다

담소원의 한 때

도로변 간판 보고 놀랐다

이 산골에 담소를 나눌
카페가 있다니…!
목적지를 지나쳐서 U턴하고
찾았다. 과연, 위치가 명소다

유리알 개울물이
다리 밑에서 졸졸
조약돌 칸막이 안에서
피라미들이 정답게 환영한다고 꼬리 친다.

실내에 들어서니
사장께서 반갑게 맞이했다. 나는 오미자차를, 와이프는
아메리카노 한잔 음미했다.

실내를 둘러보니 간결하고 정다운 dp가 뽐내고 있었다
실물같이 여학생 교복을 도자기로 빚은 것도

탁자가 특이한 통나무 자연목 자작나무가 부드럽고 따뜻하게
맞아준 담소원 명소에서 즐기고 왔다.

초근목피 草根木皮

산나물, 들나물
산에는 취나물, 다래순, 수리치, 홀립 고사리
들에는 쑥 냉이, 씀바귀, 달래, 돈 냉이. 보자기, 빌구두더기

담장 누렁 댓잎, 목화잎, 고구마잎, 아까시나무잎
먹고 안 죽으면, 다 먹고 살았었네.

송기죽, 송기밥, 송기떡, 높은 산 올라가 아름드리 소나무를 누님이 톱으로 썰면 나는 낫으로 두꺼운 겉껍질 벗기면 얇은 가죽 같은 껍질이 바로 송기라네
송기를 벗기면 흰색 반투명 액체. 긁어서 먹으면 꿀같이 달고 맛있어서 허기진 공백도 채우고 너무 많이 먹어 배 아파 뒹굴어도 잊은 채 또 먹었네

그 시절 그 배고픔 어찌 다 할까마는 말로는 그때 함께 한 누님도 보고 싶고. 그 시절 그 시대 함께 보낸 부모님이 왜 요즘 더 보고 싶고 그리워질까?

2024년 5월에 쓰다.

오, 일편단심 민들레야

민들레 홀씨 되어

극한 구석 흙 위에 씨가 바람 타고 날아와
뿌리 내렸네. 시멘트 때문에 발 뻗지도 못하고
통나무로 막아도 발을 뻗지

그래도 햇볕 받고 숨을 쉬니
길 가는 사람들이 꽃은 예쁘다고 한마디씩
옆에 있는 동생은, 형님은 꽃 자랑이라도
하시지만 내 꼴 좀 보소

그래도 형님 얼굴 보면서 나도 힐끗 쳐다보는 이도
동생아 꽃씨 풍선 되어 낙하산 타고 좋은 곳으로
시집가서 여러 형제 만들어 보세

질투하는 마음이 이네

해변에서 생긴 일

옛 영화 제목 같네요

비치에서 마음껏 표현하고
타인의 눈치 안 보고
극렬하게 사랑하면 저렇게 될 수 있겠지
후회 없는 사랑을 불태우다!

미래를 꿰뚫어 본 민족의 지도자

박정희 대통령은 선각자요 선지자이시라
오늘의 전기수급까지 대비하고 K9 전차 방산 조선에 필요한 최강 강철 회사 박태준 동생에게 엄명.
미 카트 대통령이 미군 주둔 철수하겠다니 바로 핵무장
핵 개발 지시. 불발은 됐지만 이 민족의 중흥을 일으키신 분
타민족까지 배부르게도 통일벼 증산으로
최빈민국에서 10대 강국으로 K팝 K푸드 K뷰티
세계가 K판 한류로 태극기가 휘날리다!

정말 한민족의 영웅이신 박정희 대통령께 감사를
영원히 영원히 드리고 싶네

2024년 하절기에

북한의 농민 실정

굶주림 자초하는 북한 주민

뼈 빠지게 농사지어
8할 이상 빼앗기니,
내 가족이 먹을 것이 없을 수밖에

똑같이 잘 먹고 잘산다는 주의가
공산주의 아닌가.

몽땅 거짓말이지
공생 공영 공의 팔아서 권력 유지하는
세기의 사기꾼 집단에 평생 속아 사는
등신 주민들

세인世人도 여세출如世出이라고

철들고 깨달다 끝나는 인생

80이 넘자 알아간다

몸 건강관리는 운동과 스트레칭으로
기왕이면 두고두고 사용할 때 기분 좋게
가정용품도, 비상금이 얼마나 중한 것도
사업에서 사적으로도.

집사람의 동행 고생도 자식은 나의 한 푼다고
고생 없이 알바도 하지 않게 옷 신발도 나이 들수록
밝고 깨끗하게 튀지 않으면서 차별화 코디 디자인도

젊게 생각하고 젊게 만나고 젊게 입고 먹고

이거 광고 아님
사실 경험에 입각한 것임

14,500원의 기적

20년~30년 동안 두통이 70% 도망
수백만 원 기능식품도 불치요. 줄기세포도
일본 중국 치료예약도 무용지물일 때

아우이자, 스승이요. 삶의 길라잡이인 우 교수의
친절한 안내와 세심한 관심으로
수지 성모이비인후과의원 처방으로 원인이 CT 촬영
진단은 코에 20% 비후라

서울 5대 대학병원 MRI도 광고하는 서울 시내
유명 한의원도 모두가 결과는 불치 결론.

단맛의 진실

고생苦生

사서도 해야 하는 고생
할 때는 고생이라고 모른다
할 때는 일상생활이니까

고생의 경험 속에는 삶의
깊이와 지혜가 있어
훗날에 버틸 수 있는 무기가 되지

먼 훗날에는 재미있는
대화의 주제도 소재도
이거는 황금을 줘도 살 수 없다고

그래서 어른들께서
"젊어서 고생은 사서도 해야 하느니라."
라고 하셨나 봐요.

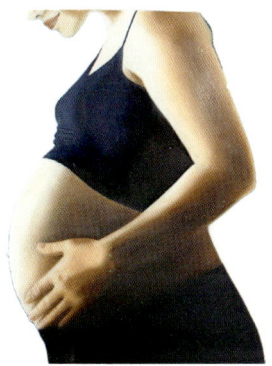

출산 장려 운동 일환임

만삭의 모심 母心

아가야, 뱃속에서 답답하지

먹고 자고 열 달만 기다려라, 밖이라는 세상이
숨쉬기 움직이기는 좋아도 뱃속이 천국이다.

바깥세상을 맞이하면 그래도 반겨줄 사람은 많단다
각종 보건 복지 센터가 있지 출산 축하금 특수
보조금도 엄마 아빠는 육아 휴직도 준단다

엄마 아빠는 아파트 특혜도 세상은 살기 좋아
태어날 한국은 모두 준비돼 있어 세계 8대 강국이다

2023년 코로나19 괴질 소동

백신 주사의 겉과 속

약 주고 병 주고
병 주고 약 주고

주거니 받거니
원인도 모르고
환자만 죽어가네

제약회사 부자 되고
예방주사 부자 되고

예방주사 맞고 죽어도
책임질 놈 한 놈도 없네

젊은이도 심장마비
늙은 분도 심장마비

여기저기 사망 소식
책임질까 너도나도 쉬쉬 쉬!

자나 깨나 말조심

말言語의 중요성

한번 내뱉은 말은 거둘 수 없다

말 한마디가 살릴 수도
말 한마디가 죽일 수도
말로 쉽게 약속도 하지 말고
못 지킬 말은 하지 말라

말은 없을 때는 칭찬하고
있을 때도 비평 말고
말은 한 다리만 건너도
한 자와 듣는 자가 반대도

발 없는 말이 천 리를 간다
말 말 말은 부풀어 오른다
말 한마디로 법정까지 가기도 한다

최고 피서 방법

퇴촌 천진암 청정계곡 외부는 33도
개울물은 차가울 정도 10도 이하
펜션 주인장도 좋았어요.
본업이 아닌 듯이 욕심 없이
하이 지태 물놀이에 우리도 동심으로 함께
오다가 이틀이 아쉬워 맛있는 점심 후에는
물 건너편 카페 인공 폭포도
아이들이 커 가면 이 모습도
산수 좋은 천진암 계곡을 아쉽게 뒤로 하고
집으로 발길을 차 타고 오긴 했지만 아쉽네.

2024월 8월 초순

내 인생 80을 넘어도
마음은 아직 청춘인데

황혼黃昏에

황혼기를 황금기로 바꾸자
나이에 착각을, 스스로 속이자.
체력 보존 방법도 내 체질 맞는 운동
정신 육체도 젊음 유지

80-60= 20대로 환갑은 과거사로
정신 건강은 기도와 감사하는 생활로

제2의 인생 출발
2모작으로 가꾸자
IT. AI. 6G 시대 적응하고
배우자. 시. 수필. 소설도

이사 15번 하다

셋방살이

방이 맘에 들면 돈이 모자라고
돈에 맞추면 방이 맘에 안 들고
찾다가 허기진 배 안고 오면서
내일은 욕심 없이 결정하자 했지

이삿짐은 리어카로, 센타 없는 시대
가족 친구 도움으로 반듯게 살림살이
그때는 전세 기간이 6개월 또는 1년 이였으니

방 없는 서러움도 배고픈 서러움에
못지않더라

사랑은 보이지 않는 힘

사랑이란

그를 배려하는 마음
그를 편안하게 그를 즐겁게

작은 것 하나도 주고픈 마음
작은 것 하나도 보여주고
적은 것 하나도 함께 하고픈

마음에 마음 더하기
바다보다 우주보다
용서하는 마음
모두를 포용하는 마음
이것이 사랑이 아닐까

현재 광주의 1번지이다

구 이태리 안경원(현 류옵티컬)

제2의 고향이 되었다

반평생을 살고 경영했으니
건물주와 재계약 때마다
코너 자리라 어려움을 극복하며
인생의 눈물 서린 곳이다

1986년 11월 개업했으니
2024년 38주년이 됐다

《들쥐 강 건너다》 수필집에서

들쥐

이렇게 살아 보려고 태어났나?
차라리 태어나지 말 것을

주린 배 안고 산으로 들로
나물로 허기진 배 채우려고

졸며 걸어서 가다가 전봇대와 박치기도 하고
올빼미 학교생활 객지 생활 15년에
오만 가지 다 해보았네

꿈에서 이 회장님이
왜 버스 안에서 약장사
이야기 수필에 뺏느냐고

어떻게 알고 말했을까?
지금도 신기하네

인정사정 볼 것도 없이 미련도 없이

버릴 줄 알아야 한다

입지 않는 옷은 버려야 한다
먹지 않는 반찬도 버려야 한다
먹지 않을 부식은 버려야 한다
먹지 않을 보약 팩도 버려야 한다
쓰지 않는 도구는 버려야 한다
읽지 않는 책도 버려야 한다
박물관이 아니면 사용하지 않는 것들은
모두 다 버려야 한다
모두 다 비워야 한다

레오나르도 다빈치의 그림 앞에서

모나리자의 미소

표정에서 말하지 않아도
삶의 희로애락喜怒哀樂이 모두 들어 있네요

조용한 성품이
인자한 성품이
진실한 성품도

말을 하지 않아도 사랑이
깊숙이 전달되는 눈빛으로, 표정으로

조용한 미소 속에 강렬한 아름다움이
정과 관심이 엄마처럼 영원한 사랑도 엄마처럼

다시는 오지 말아야 할 괴질이네

팬데믹(Pandemic)과 마스크

온 국민의 입에 씌운 마스크
시내 사거리 동서남북 어디나
모두가 마스크로 무장했지
버스나 지하철을 타도
대형 커피점 의자들이 물구나무 서고
식당에는 예약 표지판
대한 민족 순송, 복종하고
이태리, 스페인 불순송 중이네

이제는 길에서도 피서지에서도
마스크 보기 힘드네. 반대 집회도 피를 봐도
코로나가 볼 때는 누구 편에서 박수쳤을까

중국 서안에서

절세의 미녀 양귀비

양귀비 동상은 글레머 여인상
소문과 달랐다 몸무게 65Kg

현종 시아버지와 불륜
목욕탕을 보니 마주 볼 수 있는
환경을 만들었음을 알다

인륜지사에 오명 남기다

그림 전시회

아마추어 화가의 솜씨를
전시한 그림을 모아서
안경원 개업 역사도 자랑하고

외벽 전체에 한 달간 낮에만
감상하는 시민은 소수였지
신청한 분 추첨해서 선물하다

37주년 기념행사로, 38주년에는 시화전 계획 중

호주 버난에서

춘분을 지난 첫 만월

달 볼 수 없을 때는
별들의 천국

넓은 평야 위와
산 위에는 달

어느 종교에서
주의 만찬을 벌리나

필리핀 여행 중 본 일들

짚푸니

필리핀의 유일한 교통수단
빌려서 여행했지
매연 냄새가 진동하고 소리도 굉음 수준
자동차에 액세서리 경쟁으로
요란한 모습들 특색도 환경오염 지금쯤 개선됐겠지
쇼핑몰급 대형식당 추억이 나네

필리핀 팔라완 섬

스넥섬에 배 타고 관광 최고

배는 목선 양옆에 균형 막대가
밀림 지대도 세계적 미개발

언더 그라운드 배 타고
동굴 속으로 천장에 박쥐 천국
노 젓는 조각배 위험할 수도

무사히 팔라완 귀환
아침이면 닭 우는 소리에

화학공장 위장

죽처럼 씹어서 넘기자
위가 편안하게 힘들면 위장 탈 난다

휴식도 필요하지
위암을 예방으로 영양도 골고루
비타민 무기질 유기질 단백질

심장이 좋아하는 떫은맛
신장이 좋아하는 짠맛도
위장이 좋아하는 단맛도

식품에 오색이 심장에는 붉은색
허파에는 흰색
신장에는 검정이 좋다네

위장에 편안하게 넣어주면
맷돌처럼 다시 갈아서
화학 분해로 전신 기관으로 공급하지

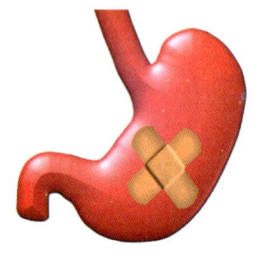

위장의 신비

진眞은 역시 眞이다
TV조선 미스트롯2에서

미스트롯 진眞 양지은

비슷한 노래 실력으로 진眞으로 뽑혔네
왕관을 어떻게 쓸 수 있었나

진달래가 과거 학교 폭력 문제가 뜨자
자진 하차한 덕으로 양지은 탈락에서 부활

국민 문자 다수로 진이 되다
다수의 국민의 지원받은 이유는
아버지께 신장이식한 효심에 국민이 감동했지

여기에서 받는 교훈과 메시지가 무엇일까
노래 실력과 인성으로 판단했다고 본다

마지막 장면 왕관을 쓰고 흘리는 눈물에
내 심장도 콩닥거렸지

사진만 남는다

손자 유준, 유휘

기념으로 찍은 가족사진

벌써,
자라서 대학 입시 공부

휘는 고교 1학년 반장도
맡았었지.

한국에 이런 날도

청명한 날씨

황사 없는
맑고 청명한 날을
남한산성에서 보다.

호주보다 더 맑다.

부산 경훈이 식사 후에
카페에서 집사람과
셋이서 커피 마시다.

광주 경안천에서

석양

온 하늘을
붉게 고루고루

경안천 맑은 물
푸른 초록

곧 건물 사이로 빠질 듯

세계인의 명소가 되다

시월의 에버랜드

입구부터 이국적인 건축 모양 서구 그 앞에서 자기 나라
모습 앞에서 사진 남기려고 시간 가는 줄 모르고
밥도 제대로 못 머던 반세기도 진에 어떻게
이렇게 세계적 관광지로 인산인해를 이룰
선견지명을 창업주 이병철 회장님께 감사를
거리는 약간 멀어서도 꼽빼기 리필 자장면도
값보다 맛이 일품이었다.
상호도 "취팔러마"
인파에 밀려 놀이기구는 못 타도 하이, 성우
지태 목마 태워 불꽃놀이 웅장하고 화려했다

진주 같은 사람

진주珍珠

백옥과는 다르다. 공으로 모양을 낸다.
진주는 몸속에 들어온 이물질을 오랜 세월 간
겹겹이 쌓아 모양을 낸다

색상도 다양 백색 홍색 청색으로도 모양과 색상을
만들어 내는 역사를 아는 자나 본 자는 아무도 없다

인고의 시간 인고의 고통 끝에야 세상에 나와서
보배로운 장식이 될 때라야 그 값을 계산하게 된다

인생의 삶도 겉과 속을 누군가 알 수 있을까
웃으면 좋은 줄 알고 눈물 내면 슬픈가 봐
알 뿐이다

알아봐 주는 자가 있다면 진정한 친구요
반려자요 동반자가 될 수가 있지 않을까.

영화의 한 장면

청춘

박력과 추진력이 없으면 청춘이 아니다

도전력 실패도 없으면 청춘이 아니다

눈빛에서 불꽃이 튀지 않으면 청춘이 아니다

그 민족 그 나라 미래는
청춘의 눈빛에서 찾는다

청춘처럼 살다가 청춘으로 죽고 싶네

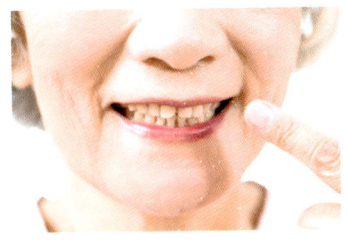

칭찬이 보약

입口

들어오는 것도 조심
분별 분석 위장 생각
적게 먹고 천천히 씹어 먹고

넣는 대로 받아주는 위가 과로하지 않게
신체 부위에 필요한 영양소를 비장이 맡아
배달한다네

비타민 A, B, C, D, B1, B2….
기묘망측 여기에는 분명 설계자가
그분께 감사하길

누군가를 신나게
누군가를 실망하게도
항상 누군가에게
감사해요, 고마워요
최고가 사랑해요

꿈동산(상표등록)

액세서리

시작한 동기는 친구 김동언
은색 체인 5계단, 켑술 3가지
의장등록까지 찍찍이 시샵

부산 범일동 시장에 분점도
지갑이 대 히트, 도매 25만 개
광주 집 안경원 자금마련도

창신동 문구 도매시장 입구
처마 밑에서 개업 확장하다
85년까지 성업 후배 인계함

세검정 부암동에서

신혼 생활

그때, 샛방살이할 때 가는 곳이
서울 경복궁 고궁 구경
형석 (큰아들) 임신 3~4개월

내가 봐도 미남 미녀네
그 시절 인생 행복의 날들
직장은 그래도 국회사무처

1993년 4월

중국 상해 풍경

이 층 대나무에 빨래 말리다
상해 임시정부 청사도 방문
중심 금융가는 석조 건물

시내는 자전거 행렬이 즐비하고
택시는 노랑색상, 영수증은 수기로
매연, 황사로 앞이 잘 안 보임

지금은 천지개벽했다고

흙에서 느끼다

아버지 형님 흔적

남의 도움 없이 두 분이
흙과 돌로 담을 쌓아
집을 지은 고생을 백번 넘게
고생하심을 느낀다

황토집이라는
별명의 돌담에서도 볼 수 있었다

옛 역사를 떨어져 나간 흔적이다

마당 옆에 원두막, 장미 울타리 기억

지월리에서 살던 집

집사람이 우겨서
마당 있는 시골집을 샀다.

텃밭까지 있는
오랜 역사가 있는 집
현대 입식 화장실로
개조하고 증축

지붕에 비닐 깔고 검정 채광 막
보기 드문 농가 주택으로 완성

10년 넘게 산 추억 집

달걀 먹어보다

지옥 온천

유황 냄새가 코를 찌른다
달걀도 담그면
금세 삶아진다
부글부글 끓어오르는 모습이
실감난다. 진흙을 보다.

지옥 온천 두 번째

일본 벳푸 온천의 비취색

료칸에도 온천♨탕 마련

패키지여행에서 집사람과
원숭이 국립공원 구경했다

가방을 낚아채니
주의가 필요함.

아, 천국이 따로 없네

고급형 프라이드

난생 처음인 마이 카

80년대 샀다
직접 운전수행
운전은 감각이 잔 사고도 막아준다

송정동 생활 때 잘 사용했지.
전라도 충청도 오지 봉사까지

두 번째 자동차 스포티지

신차 나오자 바로 신청
프라이드 사고 위험 보고

주유하러 가면 모두 구경
승용차도 화물차도 아니고

나이 들어가니 일하기 싫다고
탱크 소리 다음차 SM5V로

지금도 이름은
스타일 변형만
가운데 어린이가 막내아들

뉴 비틀 노랑

폭스바겐은 튼튼한 독일산
2차 대전 때 국민차로

문짝 하나가 차 한 대 무게
공기저항 없이 유선형
일명 방개(물 벌래) 모형

젊은 세대로 보다

한국민의 자랑이다

PONY 첫 생산

현대 자동차의 새역사

1967년 창립 57년 만에
일본 독일 미국보다 앞서다.

생산 누적 1억 대 돌파 성공

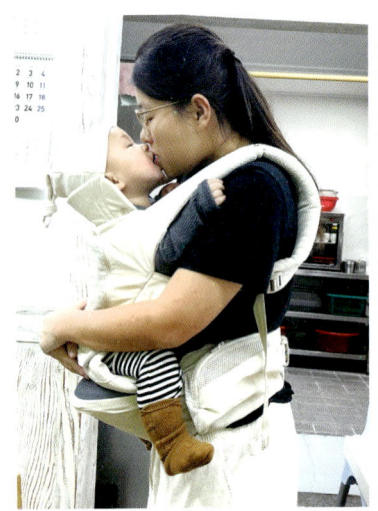

식당에서 식후에

모자母子의 사랑 표현

엄마와 아기가 눈을 감고
포옹으로 사랑을 전하다.
중화 미인 며느리와 손자

광주 초월읍 지월리

모교 방문

막내아들 초등학교 모교
지월리 초등학교 기념 방문
중국 미인 며느리에게 자랑
아들딸에게도 한껏 자랑하고

2019년 가을 전시회

유인술의 시선

국립현대미술관 서울관에서
운 좋게 개인 그림 전시하다.
약 7년간 아마추어 솜씨로
준비한 것이라 감회가 새롭다.

12점을 전시하고 기념으로
2020년 탁상 디자인 카렌다 제작
안경원 고객분들께 기증

고향 방문 인증샷

내 고향 합천 초계 병배리

집들은 비어 있어도
담장 돌담은 영원을 두고
옛 모습 그대로 이끼만 끼었네

새마을 사업에서도 보존
시멘트 흙 한 줌 없이도
자연석만으로 뽐내다

서울시청 대한문 앞

전국 각지 버스 대절

경상도, 충청도, 강원도, 경기도 각지에서
동지애로 식사 대접하고
격려 인사도 곁들인다
군중 동원 없이 자발적 모임이다

현수막에
이승만 박정희 대통령 사진
자유민주 우파집회임을
지금 정국과 유사점 보다

9월 가을 초 정경

화담숲 뒷동네 시어골 화연당和然堂

이렇게 조용하고 아름다운 곳이 있었다니 놀랍도다
보기 싫은 흉물 쇠똥가리도 아파트도 공장들도
자연의 풍광을 거울처럼 맑고 청명하게만 하네

화연당和然堂 앞에는 잔디밭 속에 걸어가고 올 수 있는
발길도 수채화로 표현한 그림 같이 붉게 물들어간
자연 물감
붓으로 칠하기 시작한 가을의 신호등

이곳이 우리 광주 문협의 한종인 문인의 글 농사
밭농사 짓는 농장이라니….

해변의 미인

미인의 조건

최고의 비율 사이즈
34-24-35
비치에서 몸매 뽐내다

그래서 다이어트
여자는 죽을 때까지 숙제
남자는 근육질이 숙제

세계 미인대회에서

모델 대회

   창조주는 만물 가운데 동식물을 창조하고 마지막으로
인간을 신비한 기술로 빚었다는데

   인간 중 여체는 태초에 남자 아담에서 취했다고 작품 중
최고의 걸작품이요, 최고의 조각품이며 최고의 예술품이라

   상체 하체 굴곡의 각선미는 일품이다. 스페인 가우디
   건축가도 굴곡의 인체를 보고 세계적 유명 건축가 됐다나
선정적으로 보지 말고 시각에서 예술을 찾고 감상하자

   창조주의 인간 최종 작품에 관심과 수고에 감사와 찬미를
드리자

TV 뉴스를 보고서

파리 장애인 올림픽

온몸이 성한 사람도
어려운 두 종목이나
도전하기 어려운데
인간의 정신력은
어디까지일까?

이탈리아 베네치아 산마르코 광장

이런 여유

친구들과 가족들도 함께
정겹게 도란도란 대화가
시끌벅적하디

맥주와 커피 한 잔씩에
정과 사랑을 전하는 광장 다방
한국 서울에도 있었으면 좋겠네

발목까지 물이 차도 즐거움에 취해

태마 기행에서

해변 수상별장

청명한 하늘
푸른 바다
열대야 야자수
잔잔한 파도 소리

모래 위 홀로 걷는 여인아,
무슨 생각을 하며
한없이 걷고 또, 걷느냐?

서핑 보드

젊음이 좋아요
억센 파도를 요리조리
조종하는 힘과 기술
우리에게는 지나간 꿈

사람의 묘기 고난도
체력 균형 아슬아슬
파도를 타는 쾌감

평생에 이걸
하지 못 했으니 아쉽네

그 스릴이 어떨까
궁금도 하네

온천溫水脈도 찾다

파장波長 테스트

만물은 파장으로 시작해서 파장으로 끝난다
큰 태양으로부터 지구에도 남극 북극 작은 모래알에도
인간, 동식물의 암수 플러스 마이너스 원자 분자
소립자 원자 핵에도

모든 약품 신약 한약에도 내 몸과 파장이 잘 맞아야 한다
그래서 그 약과 연대가 맞아서 병이 나았다고 한다

사람의 죽음도 파장이 끝나면 곧 죽는다

황금을 좋아하는 사람의 심리

황금을 좋아하다

황금으로 거북이도
두꺼비도 황금열쇠도
행운의 최고 선물이라는데
이건 개구리라

열쇠를 받아보니 감동을
수천, 수 만 년이 가도
불변의 황금색으로

사진만 소지해도 행운이
올 것 같은 기분!
이건 완전히 미신인데

가내 수공예품

캡슐

대작도 모방에서 나온다고 디자인 확인하려고
길가는 여인을 앞으로 가서 목걸이 보려고 남대문에서
신세계 앞까지 반복으로 마음으로 복사했지

원석으로 어려워서 초자로 서울 봉산동 수도 없이 방문
초자를 원석처럼 은은하게 하려고 을지로 화공약품 염산
비산으로, 무광처리로 다양한 색상 작품을 탄생시켰지.

제품에서 밋밋한 캡슐보다 한 번씩 비틀어 변형하니
원본보다 디자인이 더욱 도드라져서 의장특허까지 마치니
시내 백화점 대 힛트작이 나올 수밖에

생애 최고 작품 지금도 못 잊어 액자 표구로 보존하누나

호주 뉴케슬에서

찢어진 화분

자연은 자연스럽게 자란다
주인이 분갈이하지 않으니
나무가 자라서 찢어진 모양

나무는 말을 못 해도
뿌리를 마음대로 뻗어
크게 자라고 싶었는데

보존된 게 신기하다

우등상장

학력 우등
조행선량함으로
수여하는 귀하고 받고 싶은 상
계남 공립국민학교장
이만대 교장 선생님께서 시상

제23호

약 75년의 역사에서
많은 이사 중에서도 잘 보관
현재 모교 유물관에 기증

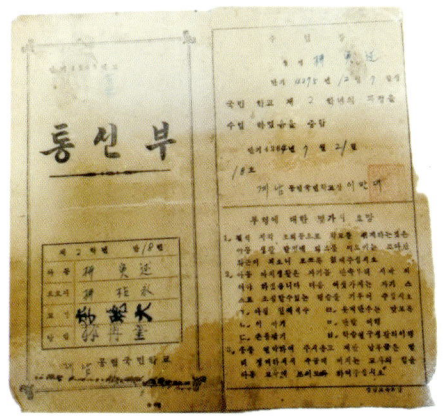

나도 유급으로 4회~5회에 졸업 / 구시대 역사 자료

통신부

지금부터 약 75년 전의 성적표
그때는 서기가 단기 몇 년으로 기록
초등학교가 국민학교였지

학부모에 전달사항
1) 이 닦기 머리 단정
2) 아침 일찍 세수
3) 손발톱 깎기
납부금(월사금) 수금에 신경
몇 달 미달할 시 퇴학 조치도

응원해요

노년의 사랑

나이는 숫자에 불과 하다고
노인을 무시하지 말라고
마음은 청춘 사랑도 청춘

흰 수염과 검은 머리칼
주름진 얼굴과 팽팽한 피부
입술로 정을 전하다

하모니카 집

수령님이 하사한 집이라고
벌집처럼 칸막이만
이것도 보이는 길가에 전시
금강산 개방 때 우리 부부는
직접 보기도 한국의 축사도
불쌍해서 어떻게 살라나

북한의 현실

움막집

이 세상에 움막집에 산다니
옛 화전민도 이보다는
이래놓고 지상낙원이라고

통일로 달리다

기차는 달리고 싶다

임진각 통일 전망대 가족이
형은(딸) 엄마 나 셋이서

한 맺힌 사연 안고 묵묵히
북쪽 하늘 밑 가족 보고파
절하는 제단도 마련하나보다

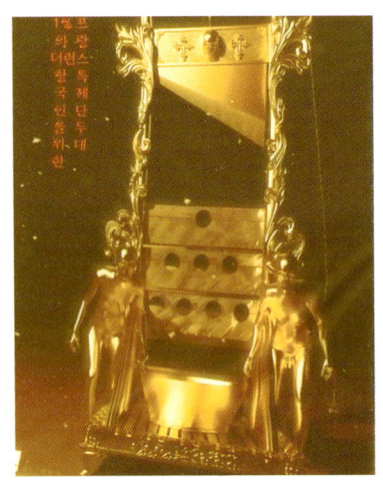

종합청사 앞 광장 점령

단두대

민노총 깃발 아래 촛불집회
적진에 몰래 들어가 촬영
박근혜 처형 이재용도 처형

다양한 형물 구호 국권 상실
나는 간첩단 소행으로 판단
계엄령만이 해결책으로 생각

모두가 동참 참여했으면

맑은 물

황토물도 귀해서 수㎞를
걸어서 길어오는 물 사정
해결 위해 대한민국에서
우물물을 먹도록 해결

아직도 아프리카
여러 나라에서 물 해결 못한다
한국 월드비전 자선단체
큰 공헌하다

파리 올림픽 뉴스 보고

멋진 국가 대표 선수

몸매 관리에만 신경 쓰는
세계적 미혼녀들에게
하나의 경종으로

저출산 장벽에 세계적
문제가 인류문화에
미래가 암울하다

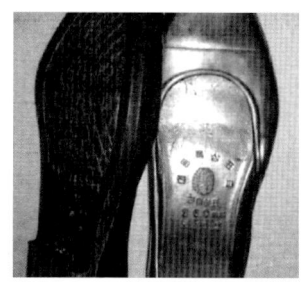

검정 고무신

나는 국민학교 4학년 추석 때
처음 신어본 신발이다

그전에는 짚으로 아버지가
만들어 주신 짚신 조리

부산 삼화고무 타이어 표
닳을까 봐 모시듯 신었다

짚 조리(일본 서레빠)를
못된 친구는 장난으로
발가락 끈을 잘라 놓으면
그날은 맨발로 집에 오다

지금은 계절 따라 교체

옛 생각에 눈물 젖다

얼음과자

아이스케키 통을 보면 16살 객지 부산에 가서
처음 시작한 장사가 부산 염주동 산동네가
내 구역 아이스-케-키하고 목청을 다해 외치면
동네 아이들이 코 묻은 돈 들고 와서 먼저 달라고
할 때 더위도 잊고 기뻤다

동네 깡패 빈집 창고로 유인 모두 먹고는 돈 받으러
왔다고 하면 죽을 수도 협박도 현대극장 옆 석빙고
배고파 골목 옆 아줌마들이 이불로 감싼 단지에
팥죽 호박죽 수제비 사 먹는 맛은 지금 먹는 맛집보다
맛이 좋아 혀를 씹을 때도

북한 실정 영상에서

북한의 교통수단

소달구지 타고 트럭 타고
수학여행도 다니던 한국의 1950년대 생각이
지금은 고속버스 고속열차
화물은 화물열차로도
완행 시내버스에 짐짝처럼
차장이 밀어 넣어 탔던 생각이
지금은 저렇게 트럭에
사람들이 올라타는 모습은
북한만의 현실이니 가슴이 저려 오네요

북한 영상물에서

북한 실정

우리는 연탄 시대도 지나고 기름보일러 시대도 가고
이제는 가스보일러를 넘어 전자동 냉난방 시대로
화목火木으로 해결하던 시대는
옛이야기 1950~1960년대
한 동포, 같은 민족인데
불쌍해서 나누어 베풀며 함께 잘살 수 있는
자유 통일의 날만 손꼽아 기다리다 ~아멘

박정희 대통령이 삼성전자의 회장에게 내린 엄명

민족의 등불

故 정주영 회장, 박태준 회장
독려와 격려의 막걸리 한 잔도
각하, 임자로 소통했다
나는 경부 고속도로를
임자는 포항 제철공장을
민족과 국가를 위해 고뇌하는 모습에서 서독 방문
미국 방문에서 자존심도 묻고
오로지 국가의 미래만 생각하는
민족의 등불이시라
박정희 대통령은 나의 인생 롤 모델이니
그 얼굴, 인상, 사상, 미래관 모두

小人 凡俊 柳寅述

계간문예수필선 129
유인술 수필집 _ 폰카 에세이

초판 인쇄 2024년 12월 24일
초판 발행 2024년 12월 31일

지 은 이 유인술
회 장 서정환
발 행 인 정종명
편집주간 차윤옥

펴 낸 곳 도서출판 **계간문예**
주 소 03132 서울 종로구 삼일대로 30길 21 종로오피스텔 1209호
전 화 (02) 3675-5633 팩스 (02) 766-4052
이 메 일 munin5633@naver.com
홈페이지 http://cafe.daum.net/quarterly2015
등 록 2005년 3월 9일 제300-2005-34호
연 락 처 03132 서울 종로구 삼일대로 32길 36 운현신화타워 305호
인 쇄 54991 전북 전주시 완산구 공북1길 16, 신아출판사
ISBN 978-89-6554-311-4 04810
ISBN 978-89-6554-133-2 (세트)

값 15,000원

잘못 만든 책은 바꾸어 드립니다.
저자와 협의하여 인지를 생략합니다.